W0378061

Inhaltsverzeichnis

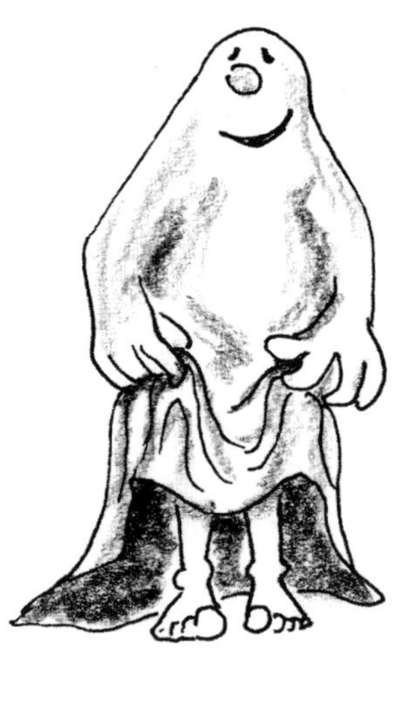

Vorbemerkungen

Liebe Kolleginnen und Kollegen,

wie wichtig es ist, Kindern das Lesen nahezubringen, weiß niemand so gut wie Sie. Wer gut und gerne liest, profitiert in allen Fachbereichen von dieser Fähigkeit. Deswegen kann man nicht früh genug damit beginnen, Kindern zu zeigen, dass Bücher etwas Wunderbares sind. Das beginnt natürlich schon im Vorschulalter mit dem Vorlesen. Sobald die Kinder eine grundlegende Lesefertigkeit erworben haben, sollte man ihnen zu Hause und auch in der Schule eine leicht zu bewältigende Lektüre, die außerdem auch noch Spaß macht, anbieten.

Ein Buch, das meiner Meinung nach diesen Anforderungen gerecht wird, ist „Paula sieht Gespenster". Kinder der 1. bzw. 2. Klasse finden hier gleichaltrige Identifikationsfiguren. Die Themen stimmen mit der Erfahrungswelt der Kinder überein. Das Buch handelt unter anderem von Geschwisterstreitigkeiten und kindlichen Ängsten, wenn es beispielsweise darum geht, nachts allein zu Hause zu bleiben. Situationen, die wohl alle Kinder gut nachvollziehen können.

Von Vorteil ist auch, dass es noch einige weitere Bände mit Abenteuern von Paula gibt (siehe „Bücher von Ursel Scheffler", S. 22), in denen man bei Gefallen gleich weiterschmökern kann.
Weil die Kinder im Buch Gespenster spielen und auch Paula in ihrer Angst im Bad ein Gespenst vermutet, bietet sich das Thema „Gespenster" natürlich für fächerübergreifende Aktivitäten an.

Für alle Sinnabschnitte des Buches, die von mir festgelegt wurden, gibt es zweifach differenzierte Arbeitsblätter zum Lesefortschritt. Die leichten Angebote sind mit einem Gespenst , die schweren mit zwei Gespenstern  gekennzeichnet. Sie können also z. B. in einer jahrgangsgemischten Klasse damit arbeiten. Wenn Sie diese Lektüre für eine 2. Klasse gewählt haben, können Sie so Ihren SchülerInnen je nach Leistungsvermögen unterschiedliche Aufgaben zuweisen.
Die mit einem (L) gekennzeichneten Angebote sind für die Hand der Lehrkraft konzipiert.

Inhalt des Buches:
Die Hauptperson ist die kleine Paula, die einen älteren Bruder namens Titus hat. Die beiden haben ihre Freunde Sine und Max als Übernachtungsgäste eingeladen. Im Zimmer der Jungen stellen die Mädchen einiges an. Dafür rächen sich die Jungen, indem sie die Mädchen, als Gespenster verkleidet, erschrecken. Kurze Zeit später übernachtet Titus bei Max und Paulas Eltern besuchen abends die Nachbarn. Als Paula ein komisches Geräusch aus dem Badezimmer hört, bekommt es sogar die sonst so mutige Paula mit der Angst zu tun.

Ich wünsche Ihnen und Ihren Schülerinnen und Schülern viel Spaß und erfolgreiches Arbeiten mit dem Literaturprojekt.

Michaela Maier

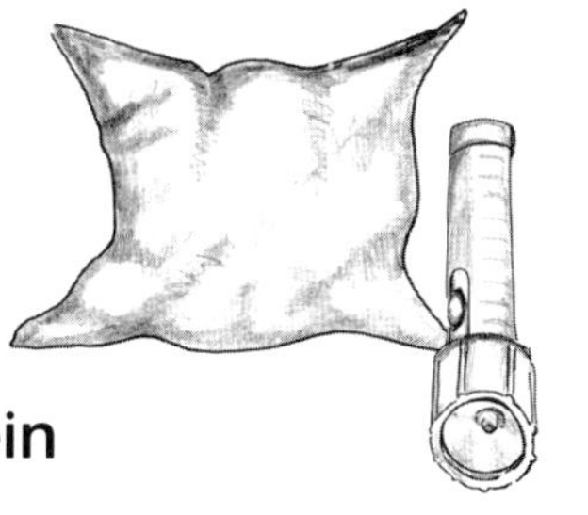

Lesezeichen

1. Entscheide dich für eines der Bilder oder zeichne ein eigenes Bild auf das leere Lesezeichen.
2. Male und schneide dein Lesezeichen aus. Gegen Schmutz ist es geschützt, wenn du es noch laminierst.
3. Stanze mit einem Locher ein Loch in das Lesezeichen.
4. Knote zuletzt einen bunten Wollfaden fest.

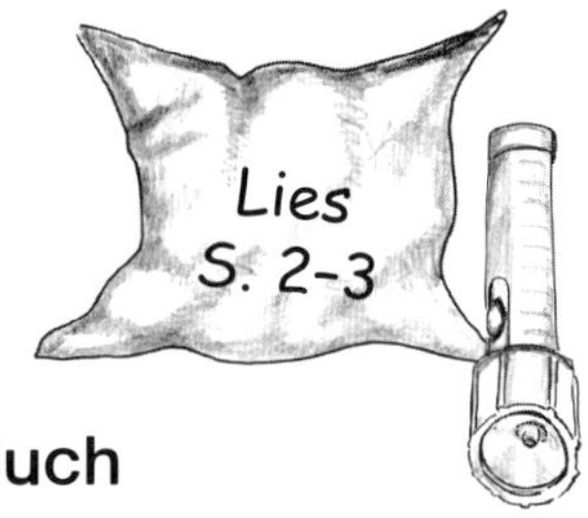

Paulas Steckbrief

1. Lies sorgfältig und schaue dir das Bild im Buch genau an.
2. Fülle dann den Steckbrief für Paula aus.
3. Male ein Bild von Paula in den Rahmen.

Steckbrief

Name: ______________________________

Aussehen: ______________________________

____

____

Kleidung: ______________________________

____

____

____

____

Geschwister: ______________________________

Beste Freundin: ______________________________

Lieblingskuscheltier: ______________________________

Besonderheiten: ______________________________

Tipp: Wenn du Schwierigkeiten hast, helfen dir diese Wörter weiter:

lila Strümpfe mit weißen Tupfen Strubbelfrisur
Stupsnase gelber Pullover
blauer Rock mit grünen Blumen schwarzes Haargummi
braune, schulterlange Haare

BVK LP99 • Michaela Maier: Literaturprojekt „Paula sieht Gespenster“

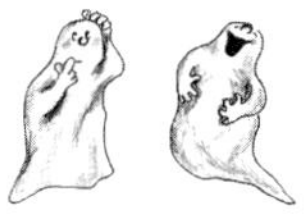

Paula und Sine malen

1. Lies genau und kreuze die richtigen Sätze an.
2. Schreibe das Lösungswort unten auf die Linien.

Sine ist Paulas Schwester.	P	☐
Die Mädchen malen ein Gespensterschloss.	S	☐
Paula malt den Himmel und Sine die Türme.	A	☐
Sine erschrickt wegen der lauten Musik.	I	☐
Paulas Bruder heißt Titus.	N	☐
Titus und sein Freund Max hören leise Musik.	U	☐
Die beiden Mädchen wollen sich nicht ärgern lassen.	E	☐

Lösungswort: ___ ___ ___ ___

3. Drei Sätze waren falsch. Kannst du sie richtig aufschreiben?
   Schreibe auf ein Blatt. Kontrolliere mit Hilfe deines Buches.
   Tipp: Du brauchst in jedem falschen Satz nur ein bis zwei Wörter auszutauschen.

Übernachtungsbesuch

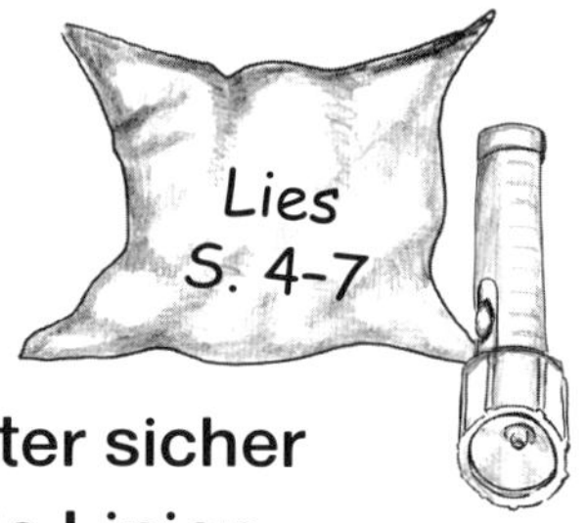

Wenn du genau gelesen hast, kannst du die fehlenden Wörter sicher ergänzen! Schreibe die Anlaute zu den Bildern auf die Linien.
Tipp: Ä = AE

Beim ____ ____ ____ ____ ____ ____ ____ ____ ____ ____

fragt Titus seine Mutter, ob sein Freund ____ ____ ____ bei ihm

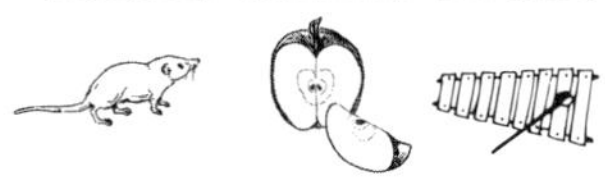

übernachten darf. Paula verdreht die ____ ____ ____ ____ ____ .

Dann freut sie sich jedoch und jubelt, weil sie auch Sine

____ ____ ____ ____ ____ ____ ____ ____ darf.

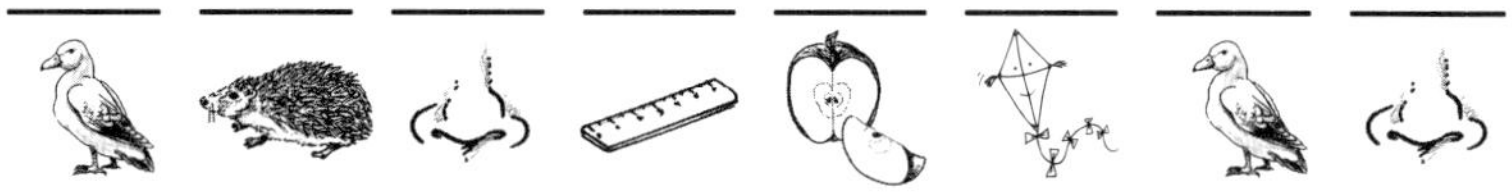

Nach dem Essen am nächsten Abend wollen die beiden

____ ____ ____ ____ ____ ____ ____ ____ gleich ins Bett gehen.

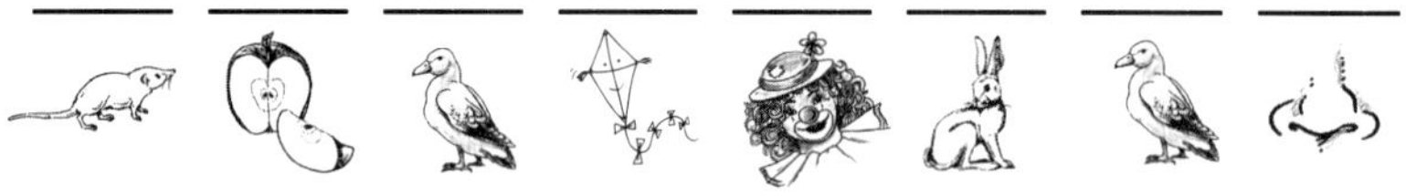

Die Jungen möchten aber später noch mit Titus' Vater die

____ ____ ____ ____ ____ ____ ____ ____ ____ ____ angucken.

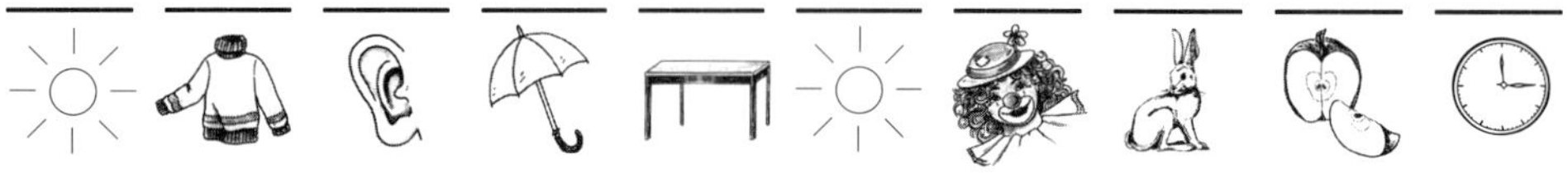

BVK LP99 • Michaela Maier: Literaturprojekt „Paula sieht Gespenster“

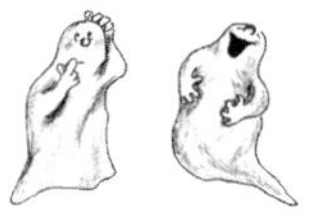

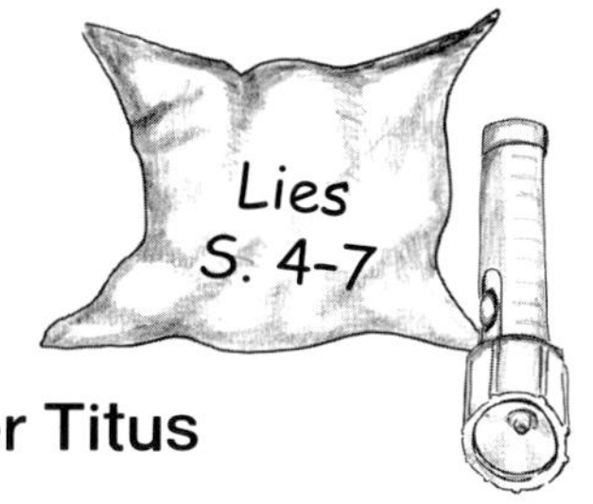

Paula macht sich Sorgen

1. Paula ist gar nicht begeistert, dass Max bei ihrem Bruder Titus übernachten darf. Welche Bedenken hat sie wohl?
   Schreibe in die Denkblasen.

2. Vielleicht hast du auch schon einmal bei deinem Freund oder deiner Freundin übernachtet. Was ist anders als zu Hause?
   Male auf ein Blatt oder schreibe in eine Tabelle.

   So könnte deine Tabelle aussehen:

zu Hause	beim Freund / bei der Freundin

Im Zimmer von Titus

Paula und Sine spielen den Jungen einige Streiche.

1. Was ist richtig? Kreuze an.

a) Die Mädchen machen etwas mit den Schlafanzügen:

☐ Sie verstecken die Schlafanzüge.

☐ Sie verknoten Arme und Beine.

☐ Sie schneiden mit einer Schere Löcher hinein.

b) Den Schlafsack von Max ...

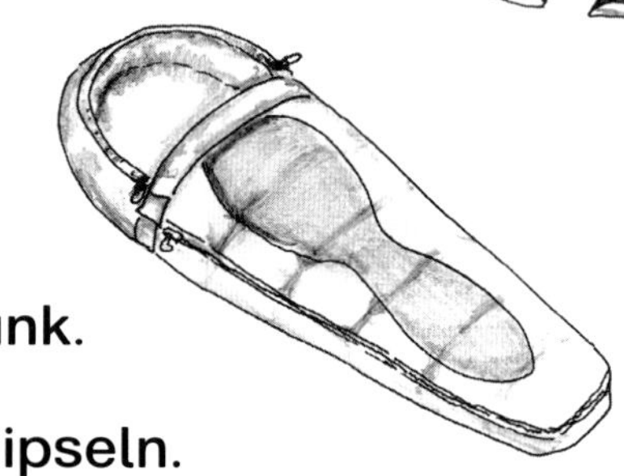

☐ machen die beiden klatschnass.

☐ werfen die beiden auf den Schrank.

☐ füllen die beiden mit Papierschnipseln.

c) Legosteine legen sie ...

☐ unter das Kopfkissen von Max.

☐ unter das Betttuch von Titus.

☐ in den Schlafsack von Max.

d) Mit Honig beschmieren sie ...

☐ den Lichtschalter.

☐ den Stuhl.

☐ den Teppich.

2. Was hätten die beiden sonst noch anstellen können?
Male oder schreibe auf ein Blatt.

BVK LP99 • Michaela Maier: Literaturprojekt „Paula sieht Gespenster“

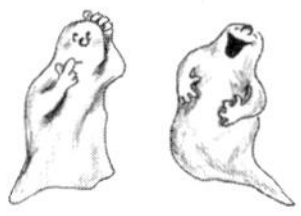

Lustige Streiche

1. Paula und Sine sind in Wirklichkeit gar nicht müde. Statt ins Bett zu gehen, schleichen sie in Titus' Zimmer. Dort stellen sie einiges an. Gelingt es dir, dich an alle Streiche zu erinnern?
   Schreibe die Streiche auf die Linien. Die Bilder helfen dir.

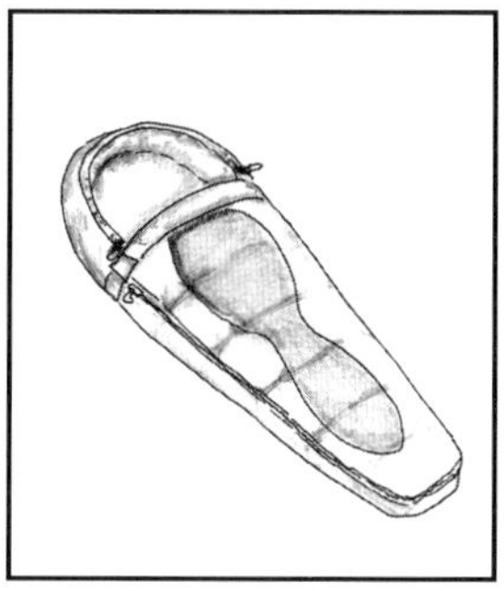

2. Nicht alle Streiche sind lustig. Manchmal kann es sogar passieren, dass jemand deshalb weint oder sehr zornig wird. Überlege dir ein Beispiel und sprich darüber mit deinem Partner.

Enttäuschung für Paula und Sine

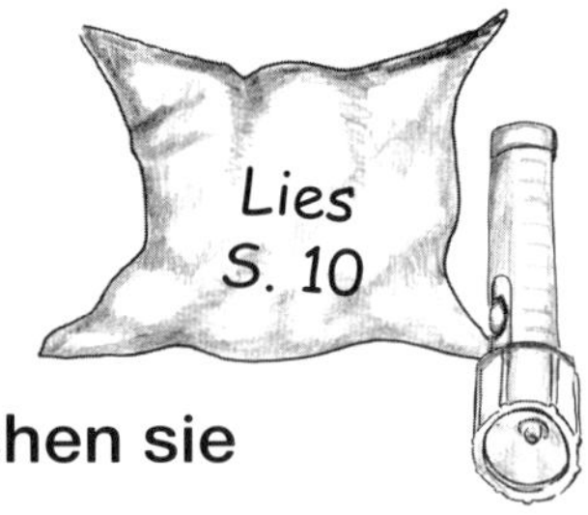

1. Die beiden Mädchen haben einiges angestellt. Was machen sie jetzt? Verbinde die richtigen Satzteile.

Dann schleichen die beiden ○	○ enttäuscht ein.
Endlich hört man Schritte und Stimmen ○	○ auf Wutschreie aus dem Nebenzimmer ...
Aber Paula und Sine warten vergeblich ○	○ auf dem Flur.
Irgendwann schlafen sie ○	○ in Paulas Zimmer zurück.

(aus: Ursel Scheffler: Paula sieht Gespenster © Verlag Friedrich Oetinger, Hamburg., S. 10)

2. Wenn du fertig bist, kontrolliere mit Hilfe deines Buches, ob du alles richtig gemacht hast.

3. Zwei kurze Sätze von der Seite 10 des Buches fehlen oben. Schreibe sie auf.

BVK LP99 • Michaela Maier: Literaturprojekt „Paula sieht Gespenster“

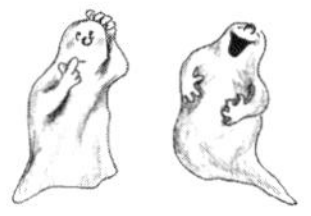

Ärgert sich denn keiner?

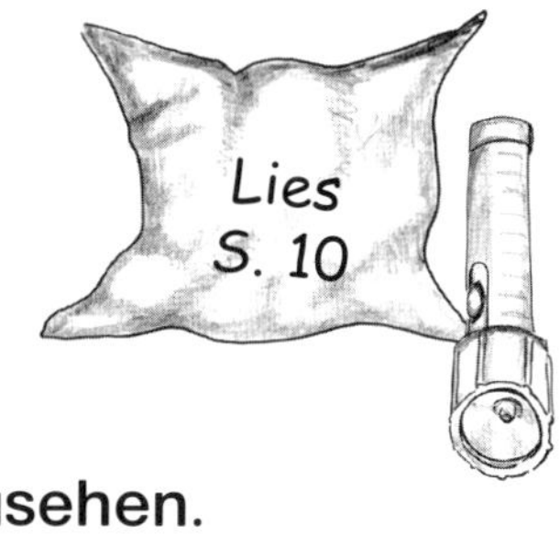

1. Fülle den Lückentext aus.
   Vielleicht schaffst du es ja, ohne in deinem Buch nachzusehen.
   Diese Wörter helfen dir:
   enttäuscht – schleichen – Jungen – Zimmer – Wutschreie – warten – Paula – Sine – Nebenzimmer – Stimmen – Schritte

Dann ____________________ die beiden in Paulas __________________

zurück. Sie _____________________ gespannt. Endlich hört man

_________________ und ______________________ auf dem Flur.

Die ____________________ kommen.

Aber ______________ und

______________ warten vergeblich

auf _______________________ aus

dem ___________________________ ...

Irgendwann schlafen sie

__________________ ein.

(aus: aus: Ursel Scheffler: Paula sieht Gespenster © Verlag Friedrich Oetinger, Hamburg., S. 10)

2. Kontrolliere deine Arbeit mit Hilfe deines Buches.

3. Kannst du diese Wörter richtig trennen? Klatsche die Silben und schreibe sie durch Striche getrennt auf:
   Paula – Zimmer – warten – vergeblich – irgendwann – schlafen

Pau-la

BVK LP 99 • Michaela Maier: Literaturprojekt „Paula sieht Gespenster"

Die Rache der Jungen

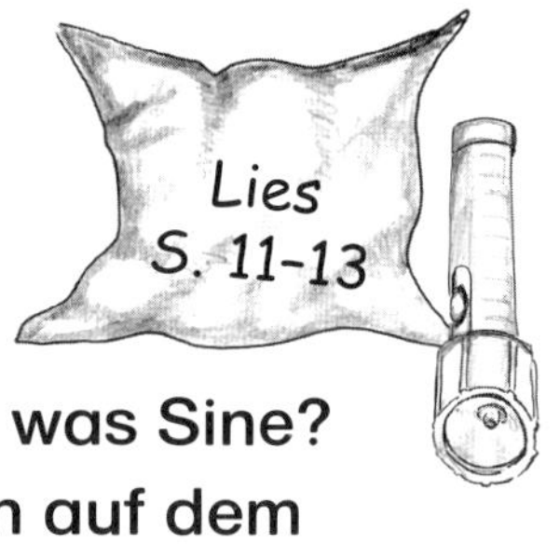

Paula und Sine werden nachts geweckt. Was macht Paula, was Sine? Lies nach und verbinde mit der richtigen Person auf dem Bild.

... ruft: „Es gibt gar keine Gespenster!“

... schimpft mit den Geistern.

... weiß, dass der Kopf unter dem Arm des einen Geistes ein Fußball ist.

... starrt in das Licht einer Taschenlampe.

... bekommt einen tropfnassen Schwamm ins Gesicht.

... fühlt etwas Glibberiges.

... wirft mit ihren Pantoffeln.

... sitzt senkrecht in ihrem Bett.

BVK LP99 • Michaela Maier: Literaturprojekt „Paula sieht Gespenster“

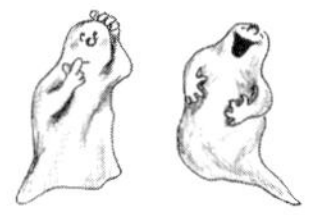

Die Gespensternacht

Mitten in der Nacht werden Paula und Sine unsanft geweckt. Sie sind noch völlig verschlafen und wissen zunächst gar nicht, was los ist. Deshalb sind auch die Sätze unten ziemlich durcheinandergeraten.

1. Schneide die Satzstreifen aus und bringe sie in die richtige Reihenfolge.
2. Nun kannst du das Lösungswort lesen. Schreibe es auf die Linien.
   Lösungswort: __ __ __ __ __ __ __ __ __
3. Klebe deine Satzstreifen in der richtigen Reihenfolge auf ein Blatt.

Jetzt können die Mädchen zwei Geister in Bettlaken erkennen.	T
Der eine Geist steht heulend vor Paula und hält seinen Kopf unter dem Arm.	L
Erschrocken starrt Paula in das Licht einer Taschenlampe.	E
Paula weiß jedoch sofort, dass es sich dabei um einen Fußball handelt.	A
Zuletzt ist auch Paula wütend und wirft mit ihren Pantoffeln.	N
Der andere Geist wischt Sine mit einem tropfnassen Schwamm über ihr Gesicht.	K
Die verschlafene Sine fühlt plötzlich etwas Glibberiges.	T
Paula und Sine werden mitten in der Nacht von einem Wimmern geweckt.	B
Daraufhin wird Sine wütend und schimpft mit den Bettlaken-Geistern.	E

BVK LP99 • Michaela Maier: Literaturprojekt „Paula sieht Gespenster“

So sollten Geschwister sein

Manchmal findet Paula ihren Bruder Titus richtig doof!
Sie freut sich sogar, dass er am Wochenende nicht da ist. Gemeinsam mit Sine überlegt sie nun, wie ein toller Bruder oder eine tolle Schwester sein müsste.

1. Hilf den beiden und kreise die passenden Adjektive (Wiewörter) ein.
   Tipp: Adjektive (Wiewörter) sagen uns, wie jemand oder etwas ist.

mutig brav hilfsbereit nett

lustig faul

verschwiegen langweilig ängstlich

frech stur zuverlässig neugierig

2. Fallen dir noch andere passende Adjektive (Wiewörter) ein?
   Schreibe sie auf die Linien.

3. Suche dir oben drei Adjektive (Wiewörter) aus. Begründe jeweils, warum dein Traumbruder oder deine Traumschwester diese Eigenschaft **unbedingt** oder **auf keinen Fall** haben sollte.
   Schreibe so auf ein Blatt:
   Mein Traumbruder sollte unbedingt ... sein, weil ...
   Meine Traumschwester sollte auf keinen Fall ... sein, weil ...

BVK LP99 • Michaela Maier: Literaturprojekt „Paula sieht Gespenster"

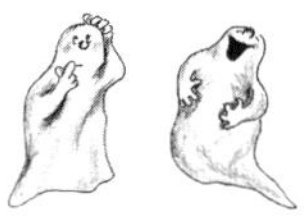

Geschwister sind prima, oder?

Geschwister zu haben, ist meistens eine tolle Sache. Manchmal gehen sie einem aber auch ganz schön auf die Nerven. Paula zum Beispiel ist froh, dass ihr Bruder Titus am nächsten Wochenende bei Max ist.

1. Welche Vorteile und welche Nachteile hat es, Geschwister zu haben?
   Schreibe auf die Linien.
   Tipp: Falls du selbst keine Geschwister hast, besprich dich vorher mit einem anderen Kind.

Das ist **gut,** wenn man Geschwister hat:	Das ist **schlecht,** wenn man Geschwister hat:

2. Unterhaltet euch über eure Ergebnisse.

3. Wie müsste dein Traumbruder oder deine Traumschwester sein?
   Male ihn oder sie in die Mitte eines Blattes.
   Schreibe dann passende Adjektive (Wiewörter) für ihn oder sie dazu.
   Tipp: Adjektive (Wiewörter) sagen uns, wie jemand ist.

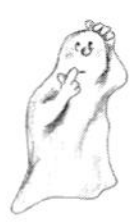

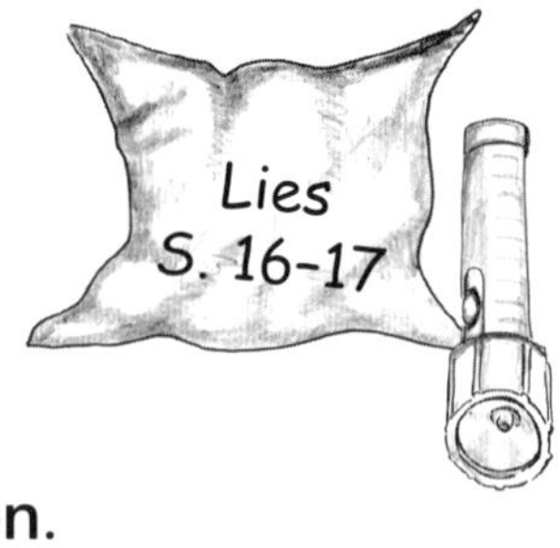

Mein Lieblingskuscheltier

Paula braucht zum Einschlafen ihre Stofftiere.
Ihr Lieblingskuscheltier ist ein Dinosaurier mit roten Punkten.
Was brauchst du zum Einschlafen? Wer wohnt in deinem Bett?
Male oder schreibe auf.

BVK LP59 • Michaela Maier: Literaturprojekt „Paula sieht Gespenster“

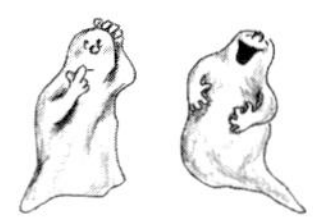

Allein zu Hause

Paula traut sich zu, ganz allein zu Hause zu bleiben.
Würdest du dir das auch zutrauen?
Schreibe auf, warum du das auch machen würdest oder warum du nicht allein zu Hause bleiben würdest.

BVK LP59 • Michaela Maier: Literaturprojekt „Paula sieht Gespenster“

Paula kann nicht schlafen

1. Warum kann Paula nicht einschlafen?
   a) Kreuze an, ob die Sätze wahr oder falsch sind.
   b) Du erhältst ein Lösungswort. Trage es unten ein.

	wahr	falsch
Paula sieht komische Schatten an der Wand.	☐ S	☐ G
Draußen fährt ein Auto vorbei.	☐ E	☐ C
Der Wasserhahn im Badezimmer tropft.	☐ I	☐ H
Das Fenster im Bad schlägt zu.	☐ A	☐ M
Ein Gewitter zieht auf und es blitzt und donnert.	☐ P	☐ T
Sie hört ein unheimliches, schnarrendes Geräusch.	☐ T	☐ N
Der Kühlschrank in der Küche brummt.	☐ L	☐ E
Paula hört ein Schnurren und Rumpeln.	☐ N	☐ S

Lösungswort: __ __ __ __ __ __ __ __

2. In Aufgabe 1 sind vier Sätze richtig. Schreibe sie ab.

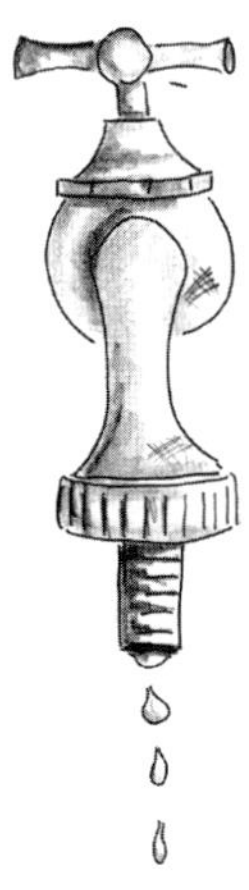

3. Bestimmt ist es dir auch schon einmal wie Paula ergangen. Viele ganz normale Geräusche erscheinen dir im Dunkeln unheimlich.
   Schreibe auf ein Blatt, vor welchen Geräuschen du dich nachts fürchtest.
   Du kannst auch malen.

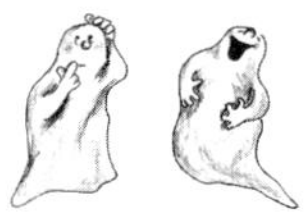

Geräusche im Dunkeln

1. Wenn du nachts wie Paula allein im Bett liegst, hörst du vieles, was dir am Tag nicht auffällt.
   Lies nach und schreibe auf, was Paula hört.

2. Wenn ihr in der Klasse einmal ganz leise seid, könnt ihr viele Geräusche hören. Macht euch Notizen und sprecht darüber, was ihr gehört habt.

3. Von Geräuschen handelt auch das folgende Gedicht.
   Unterstreiche rot, was du am Tag hörst.
   Unterstreiche blau, was sich nachts unheimlich anhört.

Lärm und Stille

So ein Lärm den ganzen Tag,
Autos hupen, Regen prasselt.
Was ich ganz bestimmt nicht mag:
morgens, wenn der Wecker rasselt.

Ein Flugzeug dröhnt, Türen knallen,
Radio, Fernsehen, Telefon –
Stille würde mir gefallen,
doch mein Hund, der bellt auch schon.

Und dann mitten in der Nacht,
huh, wie gruselig es klingt,
wenn das Holz Geräusche macht
und ein Kater draußen singt.

Ziemlich laut ist dieses Ticken,
Dielen knarren in dem Flur.
Ich lieg' wach mit bangen Blicken –
woher kommt das Heulen nur?

4. Lies das Gedicht leise für dich und übe dann, es schön betont vorzulesen.

BVK LP99 • Michaela Maier: Literaturprojekt „Paula sieht Gespenster“

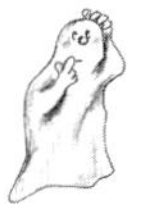

Das Gespenst im Bad

Obwohl Paula sich fürchtet, verkriecht sie sich nicht in ihrem Bett, sondern beschließt, etwas zu tun.

1. Lies noch einmal nach, was Paula der Reihe nach macht.
2. Nummeriere die Sätze in der richtigen Reihenfolge von 1 bis 4.

☐ Ängstlich schleicht sie zum Telefon im Flur.

☐ Zum Schluss sieht sie: Das Gespenst ist eine elektrische Zahnbürste!

☐ Paula sitzt im Bett und denkt darüber nach, was sie tun soll.

☐ Dann rennt sie wieder zum Bett und zieht sich die Decke über ihren Kopf.

3. Male zu jedem Satz ein passendes Bild.

4. Zähle nach und trage ein: Wie oft kommt im Buch auf den Seiten 19 bis 24 das Wort **Bett** vor?

Antwort: Ich habe das Wort **Bett** ☐-mal gefunden.

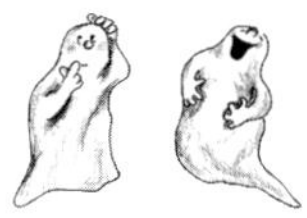

Paula hat Angst

Paula fürchtet sich vor dem unheimlichen Geräusch im Bad.
Sie bleibt aber nicht einfach schlotternd vor Angst in ihrem Bett liegen.

1. Lies noch einmal nach, was Paula tut, und erzähle es danach möglichst genau deinem Partner.

2. Sicher kannst du dich an eine Situation erinnern, in der du dich auch einmal gefürchtet hast. Was hat bei dir gegen die Angst geholfen? Schreibe dazu einige Sätze auf.

3. Suche dir unten drei Nomen (Namenwörter) aus. Zähle nach und trage ein, wie oft sie auf den Seiten 19 bis 24 deines Buches vorkommen.

Paula	kommt ☐-mal vor.
Angst	kommt ☐-mal vor.
Taschenlampe	kommt ☐-mal vor.
Bad	kommt ☐-mal vor.
Gespenst	kommt ☐-mal vor.

BVK LP99 • Michaela Maier: Literaturprojekt „Paula sieht Gespenster“

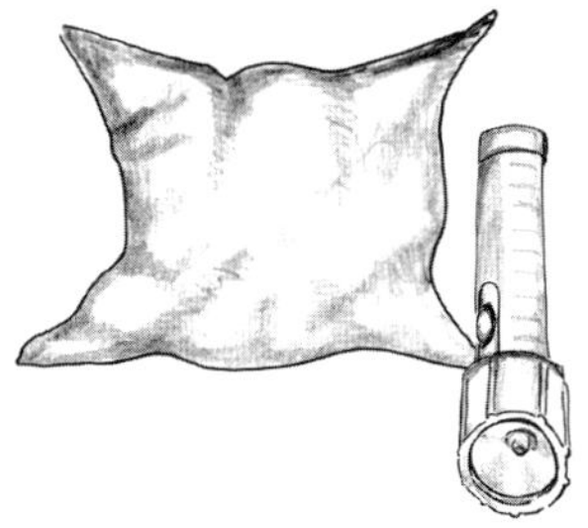

Rätsel zum Buch

1. Wenn du die Geschichte aufmerksam gelesen hast, kannst du dieses Rätsel sicher lösen!

   Schreibe in Großbuchstaben in die Kästchen.

a) Wie heißt Paulas Freundin?
b) Was beschmieren die Mädchen mit Honig?
c) Paulas Lieblings-Kuscheltier ist ein ...
d) Was verteilen Paula und Sine unter Titus' Betttuch?
e) Was gibt Paulas Vater seiner Tochter, bevor er und Paulas Mutter zu den Nachbarn gehen?
f) Was liegt seit der Geisternacht unter Paulas Bett?
g) Paula glaubt, im Bad ist ein ...
h) Das Gespenst ist Papas elektrische ...
i) Wie heißt der Freund, bei dem Titus übernachten darf?

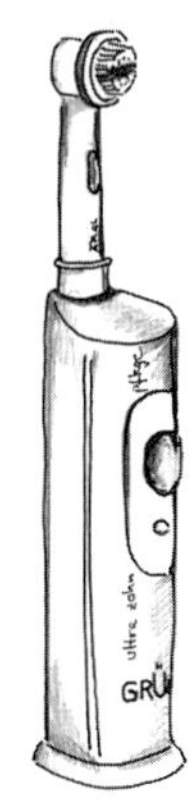

2. Trage unten die Buchstaben ein, die im Rätsel neben den Zahlen stehen.
   Du erhältst ein Lösungswort:

1	2	3	4	5

BVK LP99 • Michaela Maier: Literaturprojekt „Paula sieht Gespenster"

Bücher von Ursel Scheffler

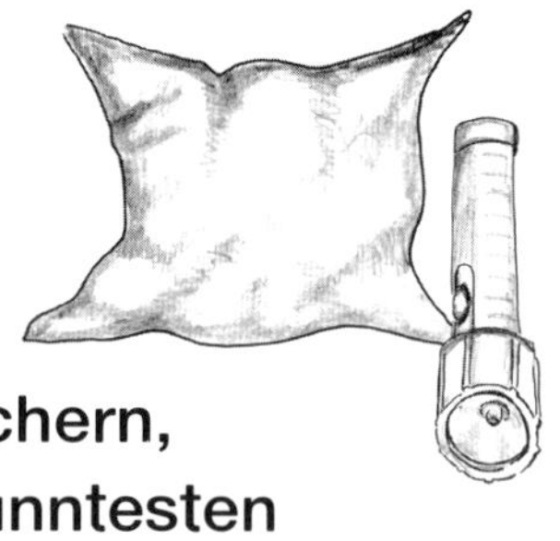

Das Buch „Paula sieht Gespenster“ ist eines von vielen Büchern, die Ursel Scheffler geschrieben hat. Sie gehört zu den bekanntesten Kinderbuchautorinnen in Deutschland. Schon über 300 Kinderbücher hat sie geschrieben. Damit sie auch Kinder in anderen Ländern lesen können, wurden sie in über 30 fremde Sprachen übersetzt.

Geboren wurde Ursel Scheffler in Nürnberg. Als Kind wollte sie am liebsten Detektivin oder Urwaldforscherin werden. Heute lebt die Autorin in Hamburg, ist verheiratet und hat drei erwachsene Kinder.

Die Idee zu dieser Paula-Geschichte kam ihr, als ihr Sohn Jan eines Nachts von seiner wild gewordenen Zahnbürste geweckt wurde.

1. Ursel Scheffler hat noch viele andere Bücher über Paula geschrieben. Suche danach im Internet. Du kannst dich auch in einer Bücherei oder in einer Buchhandlung erkundigen.
   Schreibe drei Bücher auf, die dich am meisten interessieren.
   Tipp: *www.scheffler-web.de*

2. Bildet Gruppen und leiht jeweils ein Buch von Ursel Scheffler in einer Bücherei aus. Wenn ihr das Buch gelesen habt, könnt ihr es in der Klasse vorstellen.
   Notiert euch vorher Stichworte zu folgenden Fragen:
   – Was passiert in dem Buch?
   – Warum hat euch das Buch gefallen / nicht gefallen?
   Tipp: Wenn ihr ein Buch vorstellt, solltet ihr den Schluss nicht verraten!

3. Möchtest du noch mehr über Ursel Scheffler wissen? Oder möchtest du ihr deine Meinung zu einem ihrer Bücher sagen? Dann schreibe eine E-Mail. Gehe hierfür auf die Internetseite *www.scheffler-web.de,* klicke auf E-Mail und schreibe ein paar Sätze.

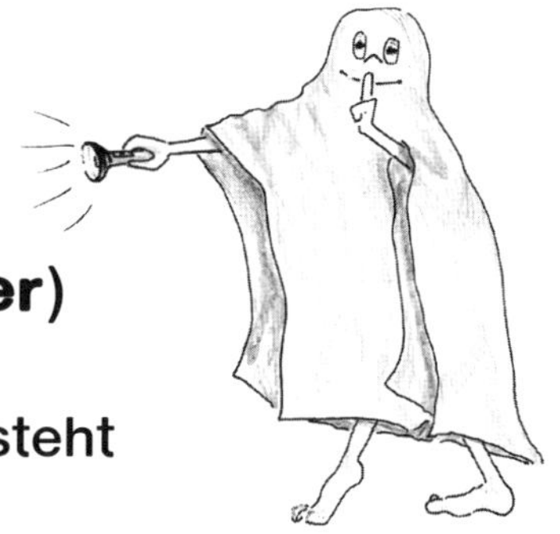

Zusammengesetzte Nomen (Namenwörter)

Wenn man zwei Nomen (Namenwörter) zusammensetzt, entsteht ein neues Nomen. Das zweite Wort wird dabei vom ersten näher bestimmt.

Beispiel: der Stoff + das Tier = das Stofftier

Bestimmungswort **Grundwort**

Der Artikel (Begleiter) richtet sich nach dem Grundwort. Es heißt also **das** Stofftier, weil es auch **das** Tier heißt.

1. Seit der Nacht, in der Titus und Max die beiden Mädchen erschreckt haben, schwirren Paula jede Menge Gespensterwörter durch den Kopf.

   Schreibe die zusammengesetzten Nomen (Namenwörter) mit Artikel (Begleiter) auf.

   Vorsicht: Zwei Zusammensetzungen gibt es nicht!

-verkleidung

-party

Gespenster-

-blume

-schloss

-hase

-geschichte

-buch

-stunde

-film

2. Finde möglichst viele Bestimmungswörter zu **Ball** und schreibe sie auf.

   Beispiele: Fußball, Gummiball ...

BVK LP99 • Michaela Maier: Literaturprojekt „Paula sieht Gespenster“

Verben (Tuwörter) für Geräusche

Erinnerst du dich an den Abend, an dem Paula allein zu Hause war? Sie hörte unheimliche Geräusche: Es schnarrte, schnurrte und rumpelte.

Die Verben (Tuwörter) unten beschreiben auch Geräusche.

1. Lies die Verben (Tuwörter).
2. Bestimmt fallen dir noch viele andere Geräusch-Verben ein.
   Schreibe sie auf die Linien.

Denke daran: Verben schreibt man klein!

knistern heulen

brummen

rascheln ticken

3. Schreibe zu jedem Verb (Tuwort) einen Satz auf ein Blatt, der erklärt, was das Geräusch verursacht.
   Beispiel: Die Wanduhr im Wohnzimmer tickt.
   Unterstreiche dann die Verben (Tuwörter) in deinen Sätzen mit einem Buntstift.

BVK LP99 • Michaela Maier: Literaturprojekt „Paula sieht Gespenster“

Gespensterwörter

1. In diesem Buchstabensalat haben sich 10 Gespensterwörter versteckt. Du findest sie ⟶ und ↓.
   Male die Wörter an.

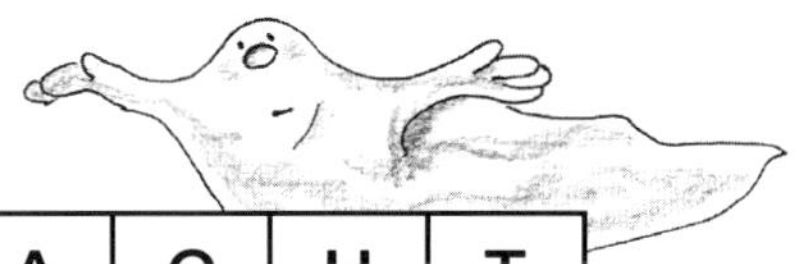

M	I	T	T	E	R	N	A	C	H	T
X	H	E	W	L	S	N	X	O	A	X
K	L	B	E	T	T	L	A	K	E	N
R	G	O	L	X	H	E	U	L	E	N
G	E	U	C	A	W	Q	M	I	Ö	S
E	R	R	V	N	M	A	S	W	I	P
I	Ä	B	I	G	L	X	E	H	P	U
S	U	A	J	S	C	H	R	E	C	K
T	S	W	Ü	T	O	A	X	W	U	E
E	C	U	R	I	V	L	A	X	Q	N
P	H	Z	I	T	T	E	R	N	K	N
B	H	G	Ä	N	S	E	H	A	U	T

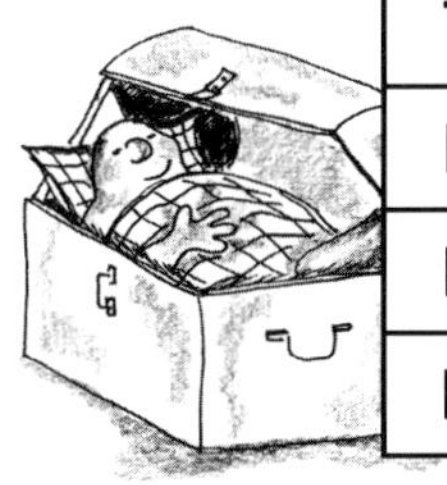

2. Schreibe alle gefundenen Wörter auf. Überlege vorher, ob man sie groß oder klein schreibt.

BVK LP99 • Michaela Maier: Literaturprojekt „Paula sieht Gespenster“

Wir dichten Gespensterverse

1. Lies die folgenden Verse.

Das Gespenst, das traf den Elefant,
der kam von hinten angerannt.

Das Gespenst, das traf die Wüstenmaus
und streckte ihr die Zunge raus.

Das Gespenst, das traf den Igel,
der saß ganz häufig vor dem Spiegel.

Das Gespenst, das traf ein Warzenschwein,
das wollte nicht alleine sein.

Das Gespenst, das traf ein Krokodil
und fragte: „Warum frisst du so viel?“

Das Gespenst, das traf ...

2. Wen trifft das Gespenst noch?
   Schneide die Bilder unten aus.
   Klebe sie untereinander auf ein Blatt.
   Male die Bilder aus und schreibe passende Verse daneben.

Tipp: Du kannst dir auch selbst Tiere überlegen und dazu dichten!

BVK LP99 • Michaela Maier: Literaturprojekt „Paula sieht Gespenster“

Einladung zur Gespensterparty

Titus hat bald Geburtstag. Er möchte eine richtig gruselige Gespensterparty geben. Alle seine Freunde sollen möglichst verkleidet kommen.

1. Überlege mit einem Partner: Was sollte Titus unbedingt in seine Einladung für die Kostümparty schreiben?
   Macht euch Notizen. Die Fragen **Was? Wann? Wo?** helfen euch, nichts zu vergessen.

2. Schreibe eine Einladung an Titus' besten Freund Max, die alle wichtigen Informationen enthält. Nimm deine Notizen aus Aufgabe 1 zu Hilfe.

3. Gestalte deine Einladung mit einem Rahmen oder Bildern.

Mal nicht zu Hause schlafen, macht Spaß!

1. Wenn man bei einem Freund oder einer Freundin übernachten darf oder selbst einen Gast zum Übernachten einlädt, ist das meist sehr aufregend und lustig. Vielleicht hast du das ja selbst schon einmal erlebt. Wenn nicht, kannst du dir sicher trotzdem vorstellen, was du dann machen würdest.
   Schreibe deine Ideen in ganzen Sätzen auf.
   Zum Beispiel: Wir machen eine Kissenschlacht. Wir ...

2. Was war dein schönstes Erlebnis, als du einmal nicht zu Hause übernachtet hast?
   Schreibe die Geschichte auf ein Blatt.
   Du kannst dir auch etwas ausdenken.

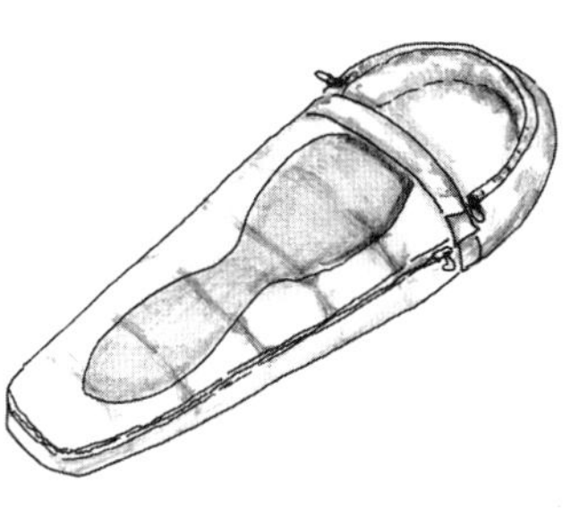

BVK LP99 • Michaela Maier: Literaturprojekt „Paula sieht Gespenster“

Angst ist ganz normal

Wenn jemand dir erzählt, dass er noch niemals Angst gehabt hat, kannst du dir ziemlich sicher sein, dass dieser Mensch dich anschwindelt. Alle Menschen fürchten sich einmal – auch Erwachsene. Deshalb muss man sich auch gar nicht schämen, wenn man von Zeit zu Zeit ein bisschen Angst hat.

1. Wovor fürchtest du dich? Male oder schreibe auf.
2. Sprich mit deinen Eltern, deinen Großeltern oder anderen Erwachsenen darüber, wovor sie Angst haben. Wenn du magst und sie es erlauben, kannst du ihre Antworten auch aufschreiben oder ein Bild dazu malen.

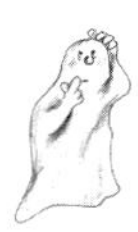

Gegen Angst kann man etwas tun

An Paula hast du gesehen, dass du etwas tun kannst, wenn du einmal Angst hast.

Hier einige Tipps:

- Meistens ist alles schon viel besser, wenn man nicht allein ist – also hole dir jemanden zur Unterstützung. So wie Paula ihren Vater.
- Oft hilft es auch, wenn man jemandem erzählt, wovor man sich fürchtet.
- Manchmal hat man auch vor Dingen Angst, die man nicht kennt. Dann kann es helfen, wenn man versucht, sich besser zu informieren. Du kannst zum Beispiel in einem Buch nachlesen.

Was hilft dir, wenn du Angst hast? Schreibe deinen Tipp auf.

BVK LP99 • Michaela Maier: Literaturprojekt „Paula sieht Gespenster“

Leckere Gespensterspeise

(für 8 Personen)

Ihr braucht: Erdbeeren oder andere Früchte
500 g Quark
400 g Joghurt
6 Esslöffel Zucker
2 Päckchen Vanillezucker
1 Zitrone
1 Päckchen Schokolinsen zum Verzieren

So geht es:

1. Wascht die Früchte und schneidet sie klein. Gebt sie dann in eine große Schüssel.

2. Presst die Zitrone aus und stellt den Saft zur Seite.

3. Füllt den Quark, den Joghurt, den Zucker und den Vanillezucker in eine Rührschüssel. Verrührt alles mit einem Mixer zu einer Creme. Rührt zuletzt so viel Zitronensaft unter, wie ihr mögt.

4. Gebt die Creme nun über die Früchte in der anderen Schüssel.
   Achtung: Nicht verrühren!

5. Legt zuletzt mit den Schokolinsen ein Gespenst auf die Creme.

Guten Appetit!

BVK LP99 • Michaela Maier: Literaturprojekt „Paula sieht Gespenster“

Wir basteln eine Gespenstergirlande

1. Falte ein DIN-A4-Blatt der Länge nach und halbiere es.
   Du erhältst zwei Streifen.

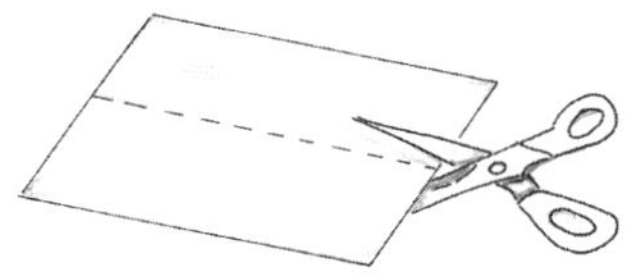

2. Knicke einen Streifen wie eine Ziehharmonika.
   Achte darauf, dass du vier gleich große Teile erhältst.

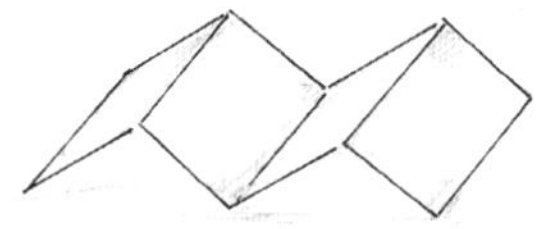

3. Falte den Streifen wie eine Ziehharmonika zusammen.

4. Male auf die Oberseite ein Gespenst.
   Wichtig: Die Arme müssen bis an den Rand reichen, so wie auf dem Bild.

5. Schneide dein Gespenst aus.
   Achtung: Die Arme an den Rändern nicht abschneiden!

6. Falte deine Girlande auseinander und gestalte die Gespenster so, wie es dir gefällt.

Tipp: Wenn du ein bisschen Übung hast, kannst du deine Streifen natürlich auch verlängern.

BVK LP99 • Michaela Maier: Literaturprojekt „Paula sieht Gespenster“

Geisterschloss

Löse die Aufgaben und male in den richtigen Farben
6 = blau, 7 = gelb, 8 = dunkelgrün, 11 = hellgrün, 17 = grau

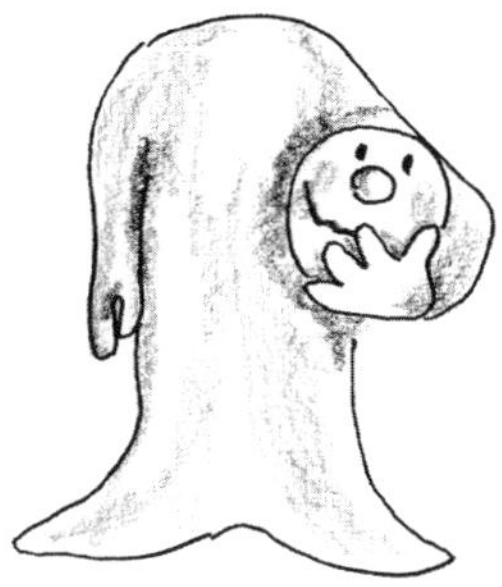

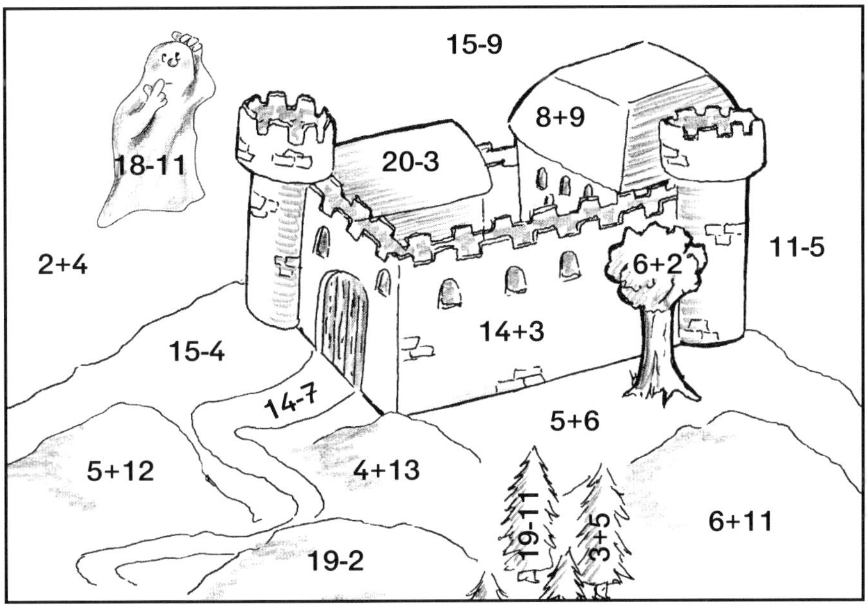

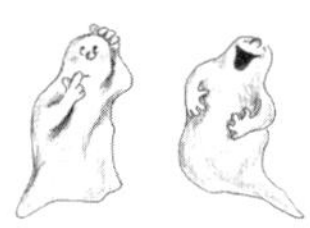

Wir rechnen mit Paula, Sine, Max und Titus

Rechne und schreibe eine passende Antwort dazu.

Sine fragt: „Wie alt ist Titus eigentlich?“ Paula antwortet: „Du musst die Zahl 22 halbieren und vom Ergebnis 2 abziehen. Dann weißt du, wie alt Titus ist.“	1
Paula hat 6 rote und 7 blaue Legosteine unter Max’ Betttuch geschoben. Sine legt noch 5 gelbe Steine dazu. Wie viele Legosteine sind es insgesamt?	2
Am großen Esstisch ist Platz für 10 Personen. Wie viele Freunde kann Titus zu seiner Gespensterparty einladen, wenn auch seine ganze Familie mitfeiern möchte?	3

BVK LP99 • Michaela Maier: Literaturprojekt „Paula sieht Gespenster“

Gespensterwörter klatschen

Wusstest du, dass man Wörter klatschen kann? Das lässt sich ganz leicht erklären. Mach einfach mit und probiere es aus!

Für **Elefant** musst du dreimal klatschen, zweimal kurz, einmal lang.

Mit Noten geschrieben sieht das so aus: 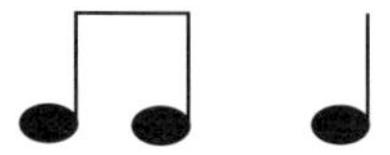

Für das Wort **Löwe** klatschst du zweimal: 

Das Wort **Bär** benötigt nur einen langen Schlag: 

Viermal klatschen musst du für die **Antilope:** 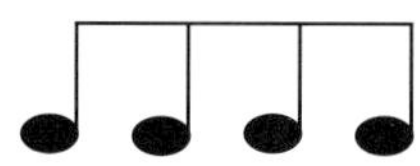

1. Klatsche nun die folgenden Gespensterwörter und verbinde sie mit dem richtigen Notenbild.

zittern

Angst

Monster

Mitternacht

Zähneklappern

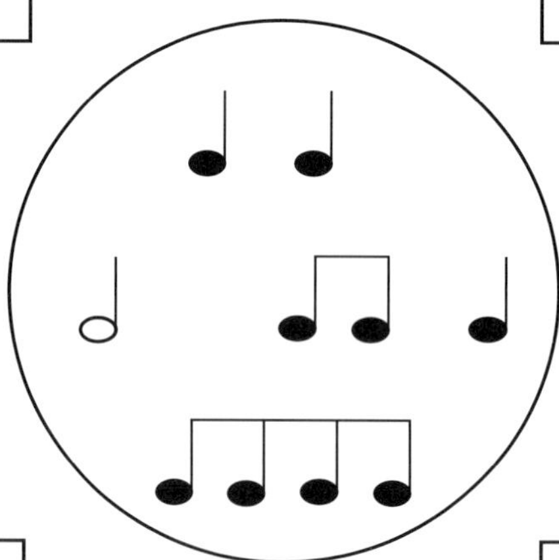

Gespenst

Geist

Geisterstunde

Glockenschlag

Spuk

Kettenrasseln

Gänsehaut

2. Finde mit deinem Nachbarn noch weitere Wörter, die ihr klatschen könnt.

BVK LP99 • Michaela Maier: Literaturprojekt „Paula sieht Gespenster“

(L)

Geisterstunde (1)

Die Lehrkraft erzählt eine Geschichte. Die Schüler versuchen, das Gehörte mit Lauten, Körperinstrumenten und / oder einfachen Orff-Instrumenten zu untermalen. Schüler, die keine Instrumente haben, machen dann, wenn es sich anbietet, passende Bewegungen.

Text	Instrumente / Geräusche	Bewegungen
Es ist tiefe, schwarze Nacht. Nur der Mond wirft sein milchiges Licht auf eine alte Burg. Ein starker Wind rüttelt an den Ästen der Bäume.	schschschschsch fffffffffffffff	Die Schüler stellen mit hochgereckten Armen Bäume dar, die sich im Wind biegen.
Der Sturm heult um die Zinnen und den Turm. Die alten Fensterläden der Burg klappern.	huiiiiiii Holzstäbe	
Aus der Ferne hört man eine Eule rufen.	schuhuuu	Hände vor dem Mund zum Trichter formen
Jetzt beginnt es auch noch, zu regnen. Kurze Zeit später schüttet es wie aus Eimern.	Einzelne Schüler: Mit den Fingerspitzen auf die Handtrommel klopfen. Zuerst leise und langsam, dann immer lauter und schneller.	Alle Schüler machen die Regentropfen mit den Fingern auf ihrer Tischplatte nach.
Die alte Turmuhr schlägt Mitternacht.	4 x ding (hell) 12 x dong (dunkel)	Die Schüler ahmen mit dem Körper das Schwingen der Glocken nach.

BVK LP99 • Michaela Maier: Literaturprojekt „Paula sieht Gespenster“

(L)

Geisterstunde (2)

Text	**Instrumente / Geräusche**	**Bewegungen**
Alle Gespenster wachen auf. Sie öffnen die quietschenden Deckel ihrer Schlaftruhen.	Quietschen und Knarzen mit der Stimme nachahmen	
Sie gähnen laut und ausgiebig. Dann recken und strecken sie sich.	uuaaaah	Die Schüler recken und strecken sich.
Sie freuen sich, dass der lange Schlaf endlich vorbei ist. Sie kichern, stöhnen, wispern und rasseln mit ihren Ketten.	hihihihihihihi ooooooooh Rassel etc.	Ausgedehntes „Gespenstern“!
Gerade als es am meisten Spaß macht, schlägt die Turmuhr 1 Uhr.	4 x ding (hell) 1 x dong (dunkel)	
Die Geisterstunde ist vorbei. Die Gespenster schlüpfen müde in ihre Truhen. Sie reiben sich die Augen, gähnen und knallen die Deckel zu.	kurzes Klatschen oder mit der flachen Hand auf den Tisch schlagen	Die Schüler reiben sich die Augen und gähnen.
Jetzt kehrt Ruhe ein in der alten Burg. Leise bläst der Wind und einzelne Regentropfen klopfen sachte an die Fenster.	ffffffffffffff dip, dip, dip, dup, dup, dup	Die Schüler trommeln leise mit den Fingern auf die Tischplatte.

(L)

Gruselkiste

Man braucht:
- 1 Kiste
- 1 Tuch zum Abdecken
- einige Dinge, die sich „gruselig“ anfühlen, z. B. kalte gekochte Spaghetti, ein Schälchen mit Shampoo, eine halbierte Weintraube ...

So geht es:
Die Kinder dürfen einzeln mit verbundenen Augen in die Kiste fassen und sollen versuchen, die Gegenstände zu erraten. Verstärkt wird das „Igitt-Erlebnis“, wenn man den Kindern vorher eine kurze Gruselgeschichte erzählt, in der z. B. glitschige Würmer (Spaghetti) oder Gespensterschleim (Shampoo) vorkommen.
Natürlich wird am Ende aufgelöst, was tatsächlich in der Kiste war.

(L)

Geistersuche

Man braucht:
- einen abgedunkelten Raum
- Glitzerfolie
- 1 Taschenlampe

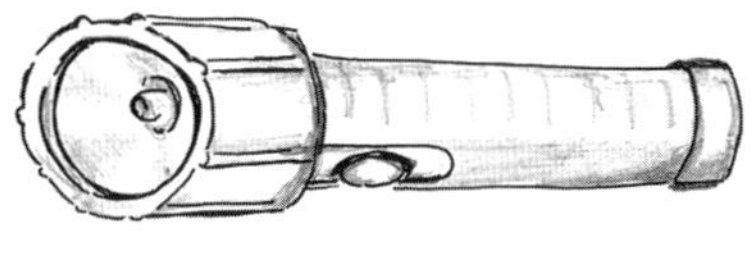

So geht es:
Aus Glitzerfolie werden einige nicht zu kleine Geister ausgeschnitten. Zwei Kinder werden ausgewählt und warten vor der Tür, während die anderen die „Glitzergeister“ verstecken. Bitte nicht in Schränken, Schubladen oder Ähnlichem verstecken, da die beiden „Gespensterjäger“ nun mit Hilfe einer Taschenlampe im abgedunkelten Raum die versteckten Geister aufspüren sollen.

Spiel: Das Gespenst im Bad

Ihr braucht: • 1 Spielplan • 1 Würfel • 1 Spielfigur pro Spieler • 1 Stapel Wissenskarten • 1 Stapel Ereigniskarten

Spielregeln:
Der jüngste Spieler beginnt mit dem Würfeln. Danach wird reihum gewürfelt. Jeder Spieler zieht seine Figur um die gewürfelte Zahl vor.

Kommt ein Spieler auf ein 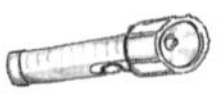 -feld, zieht sein linker Nachbar eine Wissenskarte und liest die Frage vor. Bei einer richtigen Antwort darf der Spieler noch einmal würfeln.

Kommt ein Spieler auf ein 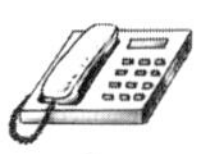 -feld, zieht er selbst eine Ereigniskarte, liest die Anweisung laut vor und führt sie aus.

Sieger ist, wer als Erster im Ziel ist. Wenn ihr eine höhere Zahl als nötig gewürfelt habt, dürft ihr trotzdem ins Ziel.

Ereigniskarten zum Spiel „Das Gespenst im Bad“

Paula und Sine haben eine tolle Idee, wie sie den Jungen einen Streich spielen können. **Würfle noch einmal.**	Paula und Sine schleichen in das Zimmer von Titus. Leider quietscht die Tür ... **Gehe 2 Felder zurück.**	Sine springt vor Freude in die Luft, weil sie bei Paula übernachten darf. **Rücke 2 Felder vor.**
Plötzlich kommt Max in Titus' Zimmer und die Mädchen müssen sich verstecken. **Setze eine Runde aus.**	Max und Titus ärgern sich gar nicht über die Streiche ... **Gehe zurück auf ein Feld mit einer Taschenlampe.**	Durch den Lärm ist Papa aufgewacht. Er ist wütend und schimpft. **Bleibe stehen.**
Paula tut etwas gegen ihre Angst und ruft ihren Vater an. **Tausche deine Figur mit einem Mitspieler.**	Paula hat Angst vor den Schatten und zieht die Decke über den Kopf. **Gehe 3 Felder zurück.**	Die Mädchen kommen unbemerkt ins Zimmer der Jungen. **Würfle noch einmal.**

BVK LP99 • Michaela Maier: Literaturprojekt „Paula sieht Gespenster“

Wissenskarten zum Spiel „Das Gespenst im Bad“

Welches Bild malen Paula und Sine für Titus? **ein Gespensterschloss**	Welcher Buchstabe ist auf Paulas Pullover zu sehen? **ein P**	Womit beschmieren die Mädchen den Lichtschalter in Titus' Zimmer? **mit Honig**
Was machen Sine und Paula mit den Schlafanzügen der Jungen? **Sie verknoten Arme und Beine.**	Womit füllen die Mädchen den Schlafsack von Max? **mit Papierschnipseln**	Der Kopf unter dem Arm des Gespenstes ist eigentlich ein ...? **Fußball**
Was wirft Paula in ihrer Wut nach den Jungen? **ihre Pantoffeln**	Beschreibe Paulas Kuscheltier. **orangefarbener Dino mit roten Punkten**	Wie heißt Paulas Bruder? **Titus**
Aus welchem Zimmer kommt das unheimliche Geräusch? **aus dem Badezimmer**	Wo sind Paulas Eltern, als Paula allein zu Hause ist? **bei den Nachbarn**	Das Gespenst im Bad ist eigentlich ...? **eine elektrische Zahnbürste**
Was hat Paula seit der Geisternacht unter ihrem Bett? **eine Taschenlampe**	Wie heißt der Freund, bei dem Titus übernachten darf? **Max**	Womit wischen die Bettlaken-Geister über Sines Gesicht? **mit einem nassen Schwamm**
Was verteilen die Mädchen unter dem Betttuch von Titus? **Legosteine**	Was wollen Max und Titus nach dem Abendbrot im Fernsehen anschauen? **die Sportschau**	Was bewegt sich an der Wand, als Paula nachts wach wird? **Schatten von Bäumen**

Start
Buhuu
Buhuu
Buhuu
Buhuu
Buhuu
Ziel

Lösungen

Zu Seite 5: „Paula und Sine malen“
Aufgabe 1 und 2:
Lösungswort: SINE

Aufgabe 3:
Sine ist Paulas Freundin.
Paula malt die Türme und Sine den Himmel.
Titus und sein Freund Max hören laut Musik.

Zu Seite 6: „Übernachtungsbesuch“
ABENDESSEN – MAX – AUGEN – EINLADEN – MAEDCHEN – SPORTSCHAU

Zu Seite 8: „Im Zimmer von Titus“
Aufgabe 1:
a) Die Mädchen machen etwas mit den Schlafanzügen: Sie verknoten Arme und Beine.
b) Den Schlafsack von Max füllen die beiden mit Papierschnipseln.
c) Legosteine legen sie unter das Betttuch von Titus.
d) Mit Honig beschmieren sie den Lichtschalter.

Zu Seite 9: „Lustige Streiche“
Aufgabe 1:
Paula und Sine verknoten bei den Schlafanzügen Arme und Beine.
In den Schlafsack von Max füllen sie Papierschnipsel.
Unter Titus' Betttuch legen sie Legosteine.
Den Lichtschalter beschmieren sie mit Honig.

Zu Seite 10: „Enttäuschung für Paula und Sine“
Aufgabe 1 und 2:
Dann schleichen die beiden in Paulas Zimmer zurück.
Endlich hört man Schritte und Stimmen auf dem Flur.
Aber Paula und Sine warten vergeblich auf Wutschreie aus dem Nebenzimmer ...
Irgendwann schlafen sie enttäuscht ein.
(aus: Ursel Scheffler: Paula sieht Gespenster © Verlag Friedrich Oetinger, Hamburg., S. 10)

Aufgabe 3:
Sie warten gespannt.
Die Jungen kommen.

Zu Seite 11: „Ärgert sich denn keiner?“
Aufgabe 1:
Reihenfolge der Wörter: schleichen – Zimmer – warten – Schritte – Stimmen – Jungen – Paula – Sine – Wutschreie – Nebenzimmer – enttäuscht

Aufgabe 3:
Pau-la, Zim-mer, war-ten, ver-geb-lich, ir-gend-wann, schla-fen

Zu Seite 12: „Die Rache der Jungen“
Paula ...
... ruft: „Es gibt gar keine Gespenster!“
... starrt in das Licht einer Taschenlampe.
... weiß, dass der Kopf unter dem Arm des einen Geistes ein Fußball ist.
... wirft mit ihren Pantoffeln.
... sitzt senkrecht in ihrem Bett.

Sine ...
... schimpft mit den Geistern.
... bekommt einen tropfnassen Schwamm ins Gesicht.
... fühlt etwas Glibberiges.

Zu Seite 13: „Die Gespensternacht“
Lösungswort: BETTLAKEN

Zu Seite 17: „Paula kann nicht schlafen“
Aufgabe 1:
Lösungswort: SCHATTEN

Zu Seite 19: „Das Gespenst im Bad“
Aufgabe 2:
2. Ängstlich schleicht sie zum Telefon im Flur.
4. Zum Schluss sieht sie: Das Gespenst ist eine elektrische Zahnbürste!
1. Paula sitzt im Bett und denkt darüber nach, was sie tun soll.
3. Dann rennt sie wieder zum Bett und zieht sich die Decke über ihren Kopf.

Aufgabe 4:
Antwort: Ich habe das Wort **Bett** 3-mal gefunden.

Lösungen

Zu Seite 20: „Paula hat Angst"
Aufgabe 3:
Paula kommt 6-mal vor.
Angst kommt 1-mal vor.
Taschenlampe kommt 2-mal vor.
Bad kommt 4-mal vor.
Gespenst kommt 3-mal vor.

Zu Seite 21: „Rätsel zum Buch"
Aufgabe 1:

Aufgabe 2:
Lösungswort: ANGST

Zu Seite 23: Zusammengesetzte Nomen
Aufgabe1:
die Gespensterverkleidung – die Gespensterparty – die Gespenstergeschichte – die Gespensterstunde – der Gespensterfilm – das Gespensterbuch – das Gespensterschloss

Folgende Wörter gibt es nicht:
Gespensterblume – Gespensterhase!

M	I	T	T	E	R	N	A	C	H	T
		B	E	T	T	L	A	K	E	N
	G				H	E	U	L	E	N
G	E			A						S
E	R			N						P
I	Ä			G						U
S	U			S	C	H	R	E	C	K
T	S			T						E
	C									N
	H	Z	I	T	T	E	R	N		
		G	Ä	N	S	E	H	A	U	T

Zu Seite 25: „Gespensterwörter"

Zu Seite 31: „Wir rechnen mit Paula, Sine, Max und Titus"

1. Frage: Wie alt ist Titus?
   Rechnung: 22 : 2 = 11   11 - 2 = 9
   Antwort: Titus ist 9 Jahre alt.

2. Frage: Wie viele Legosteine sind es insgesamt?
   Rechnung: 6 + 7 + 5 = 18   oder
   6 + 7 = 13   13 + 5 = 18
   Antwort: Es sind insgesamt 18 Legosteine.

3. Frage: Wie viele Freunde kann Titus zu seiner Gespensterparty einladen, wenn auch seine ganze Familie mitfeiern möchte?
   Am Esstisch ist Platz für 10 Personen.
   Titus' Familie besteht aus 4 Personen.
   Rechnung: 10 - 4 = 6
   Antwort: Titus kann noch 6 Freunde einladen.

Zu Seite 32: „Gespensterwörter klatschen"

Geist, Angst, Spuk

Monster, zittern, Gespenst

Mitternacht, Gänsehaut, Glockenschlag

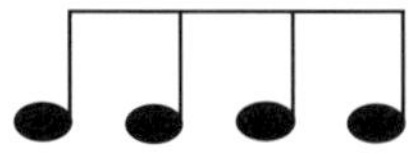
Geisterstunde, Kettenrasseln, Zähneklappern